IL FAUT GARDER ALGER,

L'HONNEUR FRANÇAIS L'ORDONNE.

NÉCESSITÉ POLITIQUE DE CONSERVER CETTE
POSITION MARITIME MILITAIRE; DÉTAILS EXACTS SUR
LE CLIMAT, LA FERTILITÉ, ET LES RESSOURCES DE CE BEAU
PAYS.
RÉFLEXIONS SUR L'IMPUISSANCE ACTUELLE DE L'ANGLETERRE
POUR S'OPPOSER A TOUTE COLONISATION FRANÇAISE
DU ROYAUME D'ALGER. ALLIANCE DÉSIRABLE
ENTRE LA FRANCE ET LA RUSSIE.

PAR BABRON,

Officier retraité de la Marine, Chevalier des Ordres de Saint-Louis
et de la Légion d'honneur, doyen des Capitaines au long cours, auteur
d'un Traité, en 3 langues, sur l'art naval, et de l'opuscule : *Oui, Paris
deviendra port maritime.*

PARIS,

CHEZ TOUS LES MARCHANDS DE NOUVEAUTÉS.

12 Juillet 1830.

IL FAUT GARDER ALGER,

L'HONNEUR FRANÇAIS L'ORDONNE.

L'HONNEUR FRANÇAIS exige-t-il absolument que nous conservions le pays d'Alger comme position maritime militaire nécessaire? Oui, mille fois oui, il faut le conserver *quand même !* s'écrieront sept millions de Français qui habitent nos départemens maritimes. Nous le devons pour la sécurité future de notre navigation et de nos côtes du midi; pour l'honneur de notre pavillon, non moins que pour la liberté absolue du commerce des mers dont le monopole n'a été que trop long-temps entre les mains de nos bons voisins les Anglais.

Oui, gardons Alger, *advienne que pourra!* puisque nous trouvons l'occasion, aussi opportune que belle, de rétablir enfin l'équilibre maritime, répéteront vingt-cinq millions de Français de l'intérieur, se levant majestueusement comme un seul homme ; car le roi de cette noble France, plus d'une fois victorieuse des plus puissans empires, ne s'abaissera jamais au point de demander à qui que ce soit au monde, l'autorisation de s'approprier les territoires que la victoire, dans une guerre légitime, aura donné à ses valeureux guerriers, au prix de leur noble sang......; et cette déclaration énergique répétée par les échos sympathiques du continent, intéressé à nos succès, retentira sur les rivages de la vieille Angleterre avec une telle force, que mylord *Duke* Wellington en restera tout étourdi, tandis que ce cri généreux vibrera doucement aux oreilles du loyal et philanthrope Guillaume IV, fier, sur le trône, d'avoir porté l'uniforme honorable de la marine, et trop juste pour ne pas approuver nos prétentions. Et nous, modeste vétéran de Neptune, nous nous écrierons aussi, dussions-nous encourir le courroux de Mylord premier ministre, que la raison publique veut que nous gardions la belle position maritime du pays d'Alger, puisque, grâce à Dieu qui protège la France, les élémens, qui seuls pouvaient arrêter l'impétueux courage de nos soldats et de nos marins, n'ont pas fait subir à notre glorieuse renommée l'humiliation de n'avoir pas pu infliger un châtiment exemplaire à un vil chef de Pirates, en s'emparant du repaire impur de ses barbares satellites, pour former, au nord de l'Afrique, qui n'a pas, que nous sachions, été léguée à l'Angleterre par le deuxième fils de Noé, de solides colonies, offrant à la surabondance de notre population et à notre industrie toujours croissante, de nouveaux et nombreux débouchés.

Il faut que nous conservions cette belle conquête, sous peine d'être justement accusés d'avoir cédé aux menaces audacieusement impertinentes, mais heureusement aussi impuissantes, des journalistes partisans de la politique Wellingtonienne et de ses adhérens les vieux Torys. Faut-il donc rappeler à ces orateurs des tavernes de Londres, qui s'enrouent en vociférant contre nous une croisade pour nous chasser d'Alger, que Lewis Goldsmith publia, en 1822, une brochure où il insistait pour que le gouvernement Anglais s'emparât d'Alger, pour assurer, ajoutait-il, la suprématie anglaise maritime dans la Méditerranée, et en faire un *lac de l'Angleterre*. Certes, la glorieuse tâche d'affranchir les puissances maritimes des deux mondes du joug, par trop honteux, des états barbaresques, sied bien à la France. Il était digne de la *fille* aînée de la civilisation, de mériter leur juste reconnaissance par un service aussi utile à l'humanité, en assurant au droit des gens un appui désiré depuis si long-temps.

Mais ajoutons qu'avec un ministère Wellingtonien, sur le qui vive, et des pirates devant soi, il faut surtout frapper fort et vite : les meilleurs argumens sont des boulets et des bombes. La politique sentimentale, qui nous a déjà coûté bien cher, n'aurait ici aucune excuse; ce serait pousser la prudence jusqu'à la faiblesse, et devenir le jouet du monde qui nous regarde, si, pour ne pas alarmer l'ombrageuse politique du vieux John Bull, dont les nombreux enfans ne partagent pas probablement les alarmes, il était possible, ce que nous ne pouvons croire qu'à moins de démence, aucun ministre d'un des descendans de ce grand Louis XIV, ce roi homme, qui fut toujours le maître chez lui et souvent chez les autres, plaçât la volonté auguste de Charles X, sous une dépendance étrangère, et trahît le Monarque comme sa patrie, en souffrant que la France eût prodigué le sang de ses valeureux enfans, exposé, avarié ses vaisseaux, dépensé 200 millions, pour la stérile gloire, sous le bon plaisir du héros très-accidentel de Waterloo, d'être les vainqueurs chevaleresques et bénévolement désintéressés des puissances qui naviguent sur la Méditerranée pour en exploiter le commerce, sans que les Français aient le droit incontestable et incontesté de s'indemniser, en formant, après la conquête, des établissemens dans cette antique et fertile Nubie, grenier de Rome, et qui serait bientôt dans nos mains la colonie la plus avantageuse comme la plus invulnérable, offerte à la généreuse ambition d'une puissante nation. Noble et riche conquête de la civilisation sur la barbarie, pourvu qu'elle soit dirigée dans de grandes vues d'avenir et des intentions vraiment européennes, que l'Angleterre est moins que personne fondée à lui contester, tant qu'elle retiendra dans ses mains les stations commandantes de Gibraltar, de Malte, des Sept Iles et de Corfou.

La colonisation du pays d'Alger offrirait à l'Europe d'immenses avantages pour le commerce, cette vie des nations. Ajoutons, comme marin français et connaissant bien l'Angleterre, qu'il suffit que la jalousie soucieuse des politiques anglais soit aussi vivement excitée, pour que l'instinct de notre intérêt nous porte à repousser, avec une indignation toute française, l'absurde prétention d'une tutelle Wellingtonienne, et avec un froid mépris les forfanteries pitoyables de certains journalistes d'outre-mer, qui, pour arrêter notre marche et la diriger à leur gré, voudraient nous attacher au char de leur grand vainqueur.

On doit espérer cependant que tout cela finira bientôt, et le plus tôt sera le mieux; car la France n'aime pas les menaces. Aussi, pourquoi n'avouerions-nous pas hardiment et à la face du monde entier, nos projets d'établissements, puisqu'ils sont pressentis, et intérieurement approuvés ! Que la France manifeste l'intention de coloniser ce beau royaume d'Alger, qui offre une surface presque aussi étendue que l'Espagne, une côte de 200 lieues assez unie, que dominent, en l'abritant, à une distance de 48 à 5o lieues, la chaîne sourcilleuse du grand Atlas; que coupent une infinité de vallées arrosées par des rivières qu'alimentent les neiges de la chaîne atlantique: le ciel y est serein, le climat d'une chaleur supportable, riant; la fertilité du sol, produite par des pluies vivifiantes, est bien supérieure à celle de l'Espagne, car les arbres fruitiers, tels que les figuiers, les pommiers, les poiriers, y donnent du fruit deux fois par an, et le blé qu'on y récolte, au printemps et en automne, produit 14o grains pour un; la paille est haute de plus de 6 pieds et grosse comme le petit doigt. Ce sont des blés fournis à la France au commencement de la révolution, par le Dey alors régnant, qui ont été la première cause de la guerre actuelle. Le pays d'Alger n'est pas exposé à ces vents glacés, si funestes, des deux Castilles et de l'Estramadure, ni aux vents brûlans du désert, dont il est garanti par les montagnes qui le couronnent au midi; défendu par des rivages presque tous d'un accès difficile, adossé à l'une des chaînes de l'Atlas, il n'a de frontières à garder contre aucun ennemi, et n'est éloigné des ports méridionaux de la France que par une distance de 150 lieues de mer, qu'un bateau à vapeur peut franchir en moins de 24 heures, un vaisseau de guerre en deux jours, un navire de commerce en trois.

L'Afrique, pays vierge, dont les sept dixièmes au moins sont sans propriétaires, offrant au choix les plus beaux climats de la Provence, de l'Italie et de l'Espagne; plus les ressources productives des Antilles, moins ses ouragans dévastateurs et ses fièvres jaunes mortelles, appelle l'industrie Européenne qui, en peu de temps, y naturaliserait la sécurité, la civilisation, l'abondance et le bonheur. Les populations indigènes, elles-mêmes, finiraient par voir dans les Français des bienfaiteurs qui, en les affranchissant du joug de fer des Turcs Janissaires, y porteraient les arts et les métiers, et amélioreraient leur sort misérable, en utilisant leurs bras à la culture des terres, ou à la fondation des villes. N'en doutons pas, si nous nous présentons comme amis de tout ce qui porte l'effigie humaine, soit Marabouts, Couloughis, Bérebères, Maures ou Bédouins, on retrouvera des cultivateurs infatigables descendans de ces actifs Sarrazins, patiens, intelligens, qui fertilisèrent les plaines de Grenade et les vallées de Murcie, et les couvrirent des merveilles de l'architecture, et dans les quarante-cinq à cinquante mille Juifs disséminés sur le territoire de la régence, une connaissance de tous les marchés d'Afrique, cette aptitude au trafic, qui en ferait des colporteurs adroits, d'utiles détaillans, et des agents interprètes infatigables, très-propres à commercer avec les peuples nomades du désert et les tribus opprimées de Maroc, de Fez, de Tunis et de Tripoli.

Toute notre mission doit consister à détruire pour toujours le corps politique des pirates, c'est-à-dire, les divers repaires qui reproduiraient les mêmes attentats par les mêmes causes ; affranchir enfin , le monde maritime et les habitans du littoral de la méditerranée , des dangers qu'ils courent, par l'existence anarchique d'états qui, en sanctionnant le dol et le brigandage , ainsi que l'esclavage, n'offrent aucune espèce de garantie sociale. Nous jouirons, comme bons français, d'unir, dans un tel résultat, au sentiment de notre dignité, la certitude d'opérer le bien-être de toutes les nations , tout en remplissant le triple but annoncé dans le manifeste inséré au Moniteur du 11 avril dernier. Nous croirions même manquer aux obligations d'un loyal chevalier, trahir le Roi et la Patrie, si nous hésitions à dire, dussions-nous *déplaire,* que la coûteuse et hasardeuse expédition d'Alger sans l'occupation permanente, serait extravagante, sans but suffisant pour justifier d'aussi grands sacrifices, et d'autant plus blâmable, qu'elle aurait été résolue tardivement, contre la politique jalouse de nos voisins : alors tout serait mal, et bien coupables ceux qui l'ont conseillée. Au contraire, en annonçant franchement et hardiment l'intention de profiter de notre expédition d'Afrique, et de la rattacher à un système habile de colonisation Européenne, tout est bien, et la France, quoique avare du sang de ses généreux enfans (la France, toujours la terre classique de l'honneur, et qui ne mit jamais la gloire au rabais), dira, puisque le dé est jeté, que nous avons mis notre en jeu, gagnons noblement la partie. N'en déplaise à cet Achille anglais qu'on nous représente sans cesse agitant contre nous son grand sabre, et qui cependant n'aurait pas fait rompre une seule semelle au marin français Sion, de la Thétis, qui, saisissant le pavillon de son canot, a déployé le drapeau français sur le fort de Torre-Chica, aux cris de *vive* le Roi ! vive la France ! enfoncé Wellington (1) !

______

(1) Historique, à ce qu'on assure,

En résultat, la cause est trop Européenne pour que nous manquions d'alliés parmi les puissances maritimes intéressées à défendre le principe du droit des nations, s'il plaisait au géneralissime Wellington d'ordonner un de ces viremens de bord, un de ces changemens de front qui lui étaient si familiers. On n'est jamais trahi, dit-on, que par les siens; néanmoins nous devons croire, que les deux princes premiers ministres sont trop bons amis, pour se brouiller à l'occasion d'une vétille comme la colonisation d'Alger, et puis, si cela arrivait, le brave amiral Duperré est sur le pont, fidèle au poste de l'honneur, il ouvre l'œil et veille au grain (1) : on peut être sûr qu'il ne laissera pas insulter impunément le pavillon français. C'est ce grand marin, dont le nom seul présage la victoire, qui naguère, commandant les forces navales du Roi de France en Amérique, et montant une frégate, n'accorda que 15 minutes au capitaine d'une frégate Anglaise, pour lui donner entière satisfaction de l'insulte grossière que son impertinent lieutenant avait osé se permettre dans un port neutre, contre un pavillon sous lequel, avant la restauration, deux frégates françaises, la Bellone et la Minerve, commandées par les capitaines Duperré et Bouvet, prirent ou brûlèrent les quatre frégates anglaises des commodores Lambert et Pym, forcées de baisser pavillon, ainsi que la corvette française le Victor, leur prise, au glorieux combat de l'île de la Passe, île de France.

Les Anglais sont très-braves, ils nous l'ont prouvé trop souvent, j'en sais quelque chose; car, sur sept combats, trois fois vainqueur, j'ai été deux fois aussi leur prisonnier. Nous les estimons individuellement, mais la politique de leur cabinet doit nous inspirer une juste méfiance; l'Europe attend, peut-être même de

---

(1) Expression particulière aux marins.

la France ou de la Russie, la guérison des profondes blessures que l'Angleterre lui a faites. Espérons, pour la paix du monde, que la grande, la naturelle alliance de notre France et de la Russie, sera formée. Le colosse du nord, qui aurait pu peser de tout son poids sur le pont Euxin, abaissé par ses aigles, et dont les bras gigantesques s'étendent à la fois sur les monts Ourals et les monts Balkans, tandis que ses pieds reposent sur Abo et Erzerum, la Russie enfin, n'ayant contre la France, aucun sujet de jalousie ni de crainte, et marchant majestueusement, par la civilisation, à ses hautes destinées, doit sincèrement désirer que la France son aînée, soit, comme elle, grande et forte; aussi est-il probable qu'elle nous verrait avec plaisir occuper le poste d'honneur au centre de l'Europe.

Les Français, de leur côté, n'ayant rien à redouter de la Russie, ne doivent pas oublier, qu'à nos époques de douloureux souvenirs, la conduite de feu l'Empereur Alexandre envers la France, épuisée plutôt que vaincue par l'Europe en armes, fut noble et magnanime. Le pont de Iéna, la colonne de la place Vendôme, attestent la modération de la Russie. Que la terre soit légère à Alexandre!.. Disons encore qu'il n'a pas tenu à son auguste successeur que nous ne rentrions dans nos limites naturelles du Rhin. Le temps est un grand maître, et Dieu, qui seul dispose, permettra peut-être que quarante-cinq millions de Russes, unis à trente-deux millions de français, animés des mêmes vues généreuses, n'ayant aucun intérêt à s'unir pour le mal, puissent tout opérer pour le bien. En attendant ne nous inquiétons pas trop, mais surveillons attentivement la politique anglaise qui, par sa longue habitude de domination, doit être, il faut en convenir, un peu inquiète, mais dont les habitans s'occupent beaucoup plus de la stagnation de leur commerce et de remédier à leur extrême misère, que de la colonisation des français à Alger, qui n'empêcherait pas l'entrée et la sortie de la Tamise des soixante à soixante-cinq mille navires qui viennent, chaque année, y apporter les produits des cinq parties du globe.

Les combinaisons inévitables du nouveau règne, son premier ministre impopulaire, le pays en consomption, l'Irlande insurgée, et toute la nation éprouvant un malaise général, la prudence, enfin commande impérieusement au ministère Britannique de ne pas raviver encore plus de vieilles haines qui commençaient déjà à s'éteindre, et que les impertinentes réflexions de quelques uns de ses journaux ont rallumées ; car, si malgré sa triste position, elle se livrait au désir imprudent d'exercer encore sur le continent un excès d'influence et d'intervention qui lui échappe malgré elle et par sa faute, elle en subira les conséquences. Qu'elle se croie invulnérable parce qu'elle possède cent trente-cinq mille marins, cinq mille officiers, cent cinquante amiraux, et une marine supérieure à toutes les marines existantes parce qu'elle fait des sacrifices énormes ; nous ne voulons pas détruire cette confiance ; mais le règne du soi-disant roi Arthur (1) est fini.

C'est le roi Guillaume qui tient le sceptre d'Angleterre, et cet illustre marin couronné, qui s'y connaît, ne souffrira pas que d'imprudens ministres placent dans le plateau de la balance politique, le poids de l'océan tout entier que le trident Britannique ne pourrait empêcher de verser à plein bord dans l'autre plateau, dès que la France y placerait les 300 mille bayonnettes de ses soldats et les 60 mille haches d'armes de ses marins. La vapeur nous fournirait aujourd'hui des chances plus égales sur les mers ; l'étoile Britannique a certainement brillé d'un vif éclat, maintenant elle pâlit, et l'époque fixée par le Dieu des bonnes causes à la suprématie maritime de l'Angleterre, prédite par l'immortel Montesquieu, approche pour elle : qu'elle soit assez sage pour renoncer à la préten-

---

(1) Les mauvais plaisans et les ennemis de Wellington lui donnent, par ironie, ce nom, en Angleterre.

tion de traîner le noble vaisseau de la France à la remorque, comme s'il ne pouvait naviguer en route libre, et qu'il dût être toujours à la suite de sa plus ancienne ennemie; non, malgré quelques sombres nuages sur l'horison politique, notre manœuvre sera indépendante; tandis que la superbe Albion, lancée sur une mer orageuse, dans la région des tempêtes, par la politique tortueuse d'un ministre présomptueux, fléchit sous le fardeau insupportable d'une dette énorme de plus de 20 milliards, qu'elle ne pourra jamais payer, et pour l'intérêt de laquelle elle ne peut même consacrer autant de millions que notre belle France, pour réduire les 4 milliards de la sienne.

En cas d'une injuste agression, le gouvernement anglais ne trouverait pas d'alliés dans les deux mondes, où chaque nouvel acte de sa politique constamment égoïste, et jusqu'à l'intronisation manquée de son Roi de la Grèce, tend à rappeler qu'au mépris des droits des nations et de toute légitimité, un cabinet d'une ambition insatiable s'est approprié la possession de trente colonies enlevées ou soustraites à la France, à l'Espagne, à la Hollande, qu'il s'est donné la souveraineté des îles Ioniennes et de Corfou. Nous le demanderons à tout ce qui porte un cœur d'homme, n'est-ce pas aussi se moquer beaucoup trop de la pudeur publique, et outre-passer la mesure de l'absurde, que cette tendre sollicitude Wellingtonienne, cette sensibilité toute sympathique en faveur d'un chef de forbans, de la part du ministre dirigeant des dominateurs si clémens de quarante peuples de l'Indoustan, des vainqueurs si consciencieux de Tippo-Sultan, des incendiaires de la flotte Danoise, en pleine paix, des capteurs déhontés de quatre frégates espagnoles chargées d'or, enlevées incendiées en pleine paix, au mépris du droit des gens, des protecteurs des boureaux de Praga, des mitrailleurs des fidèles portugais de Terceira.

Nous aurions pu charger le tableau de couleurs plus sombres, mais en voilà assez pour qu'il ne soit point croyable de supposer qu'aucun ministre du Roi de France, de ce beau royaume dont le Grand Frédéric, qui s'y connaissait, avait une telle opinion, quoique nous fussions bien moins puissans qu'aujourd'hui, qu'il dit : « Si j'étais Roi de France, je ne souf- » frirais pas qu'il fût tiré un seul coup de canon en » Europe sans ma permission, » n'ait pas repoussé avec une chaleureuse indignation, toute intervention impertinente de quelque part qu'elle soit venue. Non, la France de 1830 n'est pas tombée aussi bas, et notre jeune et vaillante armée n'a pas eu besoin d'un *Let them go* (laissez-les passer) de l'Amirauté anglaise pour aller en Afrique tirer une vengeance éclatante de l'attentat commis envers notre vaisseau parlementaire, du massacre de nos infortunés naufragés, et ouvrir une large voie aux conquêtes toutes pacifiques du Commerce et à la civilisation. Une telle bassesse n'est pas dans nos mœurs, et fût-il encroûté d'Anglomanie, il n'y a pas, je crois, de ministre d'un Roi de France, assez félon pour se laisser conduire par les inspirations d'un ministre anglais, encore moins assez lâche pour se laisser intimider par d'insolentes menaces. Aussi n'est-il pas probable que le désaveu des paroles éminemment françaises attribuées à M. de Bourmont, ait été accordé à celui qui, dans ce cas, se serait montré bien ingrat, puisqu'il lui doit, suivant toutes les apparences, son titre de prince de Waterloo. Nous demanderons toutefois grâce à Mylord pour les jeunes et beaux lauriers que l'honneur français et l'héroïsme filial ont fait cueillir aux braves fils du général en chef de notre armée d'Afrique.

La France désire sans doute vivre en bonne intelligence avec l'Angleterre, mais elle préférerait mille et mille fois sa haine que de mériter son mépris. Nous devons donc en conclure que, comme il faut subir les décrets de la Providence, nous conserverons Alger, ce qui ne serait au surplus qu'un juste et faible dédommagement des sacrifices que nous aurons faits.

Si des voix, sévèrement prudentes, se sont élevées contre la tardive inopportunité de notre expédition, il y a aujourd'hui unanimité en France sur la nécessité de tout faire pour en assurer le succès ; car la gloire est un mot magique qui sonne bien délicieusement à des oreilles françaises. Les prestiges de la gloire, cette séduisante enchanteresse, ont toujours opéré des prodiges parmi nous. Notre marine qui a déployé une activité, un courage, un zèle dont on chercherait en vain un exemple dans les fastes maritimes, notre jeune et vaillante armée de terre, dont l'élan a été si difficilement arrêté par la prudence, n'auront pas prodigué un sang généreux pour n'être que les dociles instrumens des vengeances de la civilisation sur la Barbarie. Cette vengeance sera en tout digne de nous et pure de toute influence étrangère. Les murailles du palais de ce dey d'Alger, qui y a fait exposer les têtes décolorées de nos malheureux marins naufragés, comme de sanglans trophées ; ces murailles seront rasées, les bagnes détruits à tout jamais. Cet appel d'une souscription destinée aux familles indigentes de ceux de nos braves qui ont succombé pendant la campagne d'Alger, et aux soldats ou marins qui, par suite de leurs blessures seraient dans l'impossibilité de pourvoir à leurs besoins ; cet appel généreux fait à l'humanité, généralement entendu en France, et qui trouvera de l'écho chez les nations intéressées à l'extinction de l'infame esclavage des blancs (1), offrira une noble occasion au gouvernement du roi de connaître l'opinion des Français et des peuples de l'Europe sur le but final de l'expédition d'Afrique. L'opinion, cette souveraine du monde civilisé, s'est prononcée (2) : et si les générations futures s'étonnent justement

---

(1) Le comte Paul Demidoff a versé 10,000 fr.

(2) L'équité commande au monde civilisé pour prix de sa délivrance , par les seuls efforts de la France, du fléau qui les désolait depuis 400 ans, ne nous laisser Alger comme une juste récompense de nos grands sacrifices , elle devrait même nous en garantir la paisible possession contre tout gouvernement jaloux.

qu'au 19me siècle, l'Europe ait pu subir encore le joug honteux des féroces et sanguinaires pirates algériens, l'histoire dira au moins : En juillet 1830, la France eut seule l'honneur et la gloire d'en avoir à jamais affranchi l'Europe et l'Amérique. Pour atteindre ce noble but, l'occupation est indispensable. Alors notre belle France aura vraiment épuisé tous les genres d'illustration, et il sera bien naturel de se glorifier, comme nous le faisons, du beau titre de Français. Vivons pour l'espérance et répétons de tout notre cœur comme nos braves marins à Torre-Chica : VIVE LE ROI! VIVE LA FRANCE! ENFONCÉ WELLINGTON!

Au moment où nous terminons cet opuscule, le canon ronfle et annonce que le drapeau français flotte sur les tours d'Alger la bien gardée.

IMPRIMERIE DE SÉTIER,
RUE DE GRENELLE SAINT-HONORÉ, N° 29.